S. CRÉPIN

ET

S. CRÉPINIEN

PATRONS DE LA CORPORATION DES CORDONNIERS

1889

REIMS

IMPRIMERIE COOPÉRATIVE (N. MONCE, DIR.)

24, rue Pluche, 24

S. CRÉPIN & S. CRÉPINIEN

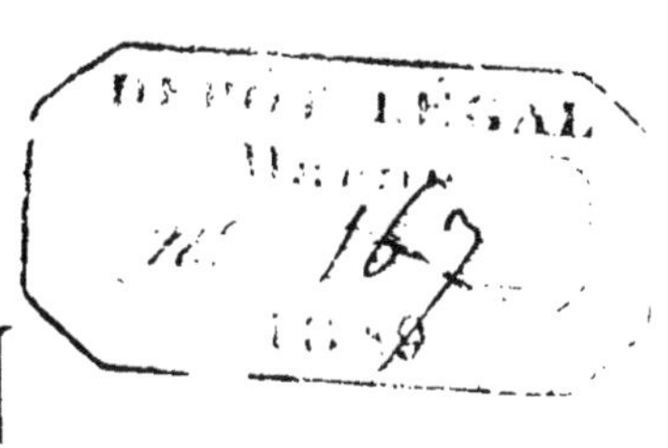

S. CRÉPIN

ET

S. CRÉPINIEN

PATRONS DE LA CORPORATION DES CORDONNIERS

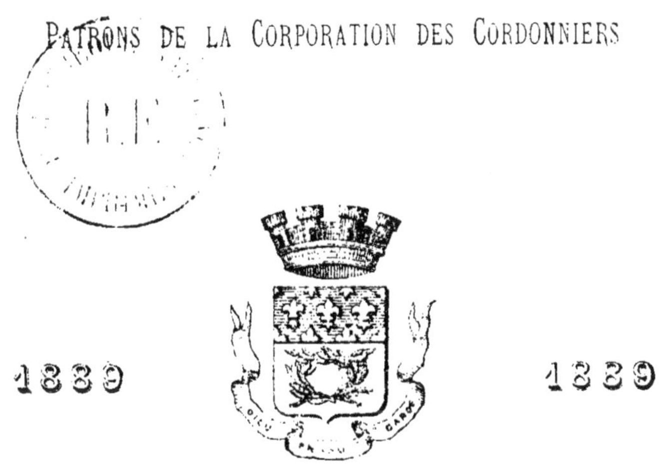

1889 1889

REIMS

IMPRIMERIE COOPÉRATIVE (N. MONCE, DIR.)

24, rue Pluche, 24

IMPRIMATUR :

Reims, 18 Octobre 1889.

P.-L. PÉCHENARD,

Vic. gén., Proton. apost.

AU LECTEUR

Nous avons cru bien faire, au moment où se réorganise chez nous sur des bases sérieuses la vieille Confrérie Rémoise des Maîtres et Ouvriers Cordonniers, d'apprendre à ceux qui l'auraient oublié, ou qui ne l'ont jamais su, quels furent les glorieux personnages sous la bannière desquels leurs aïeux les avaient groupés.

Nous avons l'espoir qu'ils puiseront, dans les notions historiques renfermées dans ces quelques pages, le désir de se fortifier à la fois dans l'exercice de leur profession et dans la pratique des vertus chrétiennes.

Ch. Peifer.

REIMS 1889

S. CRÉPIN & S. CRÉPINIEN

PATRONS

DE LA CORPORATION DES CORDONNIERS

I

Il se manifeste depuis quelques années, dans la classe ouvrière, un mouvement très marqué vers l'union corporative. L'ouvrier éprouve le besoin de se rapprocher, de s'unir dans une action commune, pour se protéger, se défendre au besoin : enfin il fait retour plus ou moins directement à la corporation, dont il n'a pas oublié les bienfaits, et ce retour se caractérise particulièrement par le rétablissement des fêtes patronales.

Parmi les corps d'état, les cordonniers sont des premiers à suivre ce mouvement. A Lille, depuis plusieurs années, il s'est fondé, sous le nom de *Corporation chrétienne de Saint-Crépin*, un syndicat mixte de patrons et d'ouvriers, avec tous les privilèges conférés par la loi nouvelle aux syndicats régulièrement constitués (loi du 21 mars 1884). Cette Corporation, qui dès la première année comptait soixante-dix ouvriers et patrons de Lille, a déjà sa bannière, ainsi que ses fêtes religieuses et profanes.

A Reims, l'industrie de la cordonnerie est en même voie de réorganisation. Grâce à l'initiative d'un patron dévoué et persévérant, après un sommeil de onze années, l'antique Confrérie se réveille aussi vivace qu'autrefois. Il se forme un Conseil, avec Président, Vice-Président, Secrétaire, Trésorier, Commissaires; et dès la fin d'octobre 1887, la Corporation de Saint-Crépin et Saint-Crépinien célébrait sa fête patronale par une messe solennelle à Saint-Jacques et un banquet à la salle de l'Embarcadère. L'an dernier, même fête, avec des adhérents plus nombreux et une solennité plus grande. A l'office religieux, célébré à la Cathédrale par M. l'abbé Bonnaire, assistait Son Éminence Mgr le Cardinal Langénieux, qui, pour répondre à l'invitation du Comité, voulut bien présider la cérémonie, et en termes empreints d'une paternelle sollicitude, souhaita la bienvenue à la nouvelle Corporation, dont il daigna accepter la présidence d'honneur, lui fit l'éloge des saints personnages qu'ils ont choisis pour patrons, s'associa à leur fête et leur donna à tous sa bénédiction paternelle.

Chacune de ces fêtes a été suivie d'un excellent banquet, animé par de joyeux propos et par une gaieté communicative.

*
* *

A la veille d'une troisième célébration de cette fête corporative, nous avons cru le moment propice pour remettre en lumière les traditions et légendes qu'évoque le souvenir des deux saints patrons de l'industrie de la chaussure.

II

Saint Crépin et saint Crépinien.

Au milieu du IIIe siècle de l'ère chrétienne, après quelques accalmies, la persécution contre les chrétiens redoublait de violence dans tout l'empire, grâce aux édits rigoureux de l'empereur Dèce. Il y eut bien des gens qui s'exilèrent pour éviter la persécution : et de ce nombre, nous trouvons deux jeunes hommes de noble famille : *Crépin* et *Crépinien,* qui vinrent de Rome chercher asile en Gaule, dans la célèbre ville des Suessions.

Obligés de se créer des ressources pour subsister, ils choisirent le métier de cordonnier, un métier sédentaire et tranquille. Grâce à leur persévérante activité, ils acquirent bientôt une grande réputation dans leur profession, en même temps que leurs vertus et leur bienfaisance leur concilièrent tous les cœurs. Ils en profitèrent pour exercer autour d'eux, dans la ville et dans les environs, un véritable apostolat, prêchant la parole de Dieu, rallumant le feu de la foi chez les indifférents et convertissant des milliers de païens.

Un de leurs plus puissants moyens d'action sur les esprits et les cœurs, c'était le vaste atelier qu'ils avaient fondé, pour satisfaire aux commandes qui leur venaient de toutes parts. Réunissant de nombreux ouvriers, formant des apprentis non moins nombreux, il les évangélisaient, tout en les perfectionnant dans leur métier : ils les instruisaient dans la pratique des vertus chrétiennes et leur prêchaient sans cesse de parole et d'exemple.

Dieu avait béni leurs généreux efforts, et, dans

toute la contrée, on abandonnait le culte des faux dieux pour embrasser cette religion divine qui venait apporter la liberté aux populations gémissant sous la tyrannie romaine. Il n'en fallait pas tant pour attirer sur nos saints personnages l'attention des magistrats romains.

Le feu des persécutions venait de se rallumer à la fois en Orient et en Occident, et l'empereur Maximien Hercule avait renouvelé les édits de proscription et envoyé à ses proconsuls les instructions les plus sévères. Le paganisme se sentait menacé dans son existence par la religion nouvelle, et voulait faire un dernier effort pour l'étouffer dans le sang de ses prosélytes.

Le préfet du prétoire, gouverneur de la Gaule-Belgique, était alors Rictius Varus (Rictiovaire selon la traduction moderne), un homme violent et cruel, dont la haine contre le christianisme n'avait pas besoin d'être stimulée par les édits impériaux. Le bruit de l'apostolat de Crépin et de son frère étant parvenu à ses oreilles, ceux-ci furent naturellement les premiers désignés à sa fureur.

III

On travaillait avec ardeur dans les ateliers de Crépin et Crépinien, tout en devisant avec enjouement, ou en faisant entendre des chants religieux, quand tout à coup la porte s'ouvre avec fracas, et le préteur apparaît, entouré de satellites armés, et interpelle violemment les deux frères :

« Quels sont les dieux que vous adorez? demande-t-il.

« Nous adorons un seul et même Dieu, le vrai Dieu, et nous ne rendons aucun culte à vos dieux imposteurs, à Jupiter, Apollon, Mercure. »

Rictiovaire, furieux de cette généreuse confession de leur foi, les fait immédiatement arrêter, charger de chaînes et conduire à l'empereur Maximien, qui se trouvait alors dans les Gaules.

Là, nouveaux interrogatoires, nouvelle affirmation de la foi héroïque des deux martyrs.

Ici, nous suivrons presque textuellement une partie du récit de M. Michel Cornudet, dans les *Saints de l'Atelier :*

Introduits devant l'empereur, sous l'accusation ordinaire de mépris des édits impériaux, le tyran leur demanda quelles étaient leur naissance et leur religion.

« Issus, répondirent-ils, d'une famille illustre de Rome, nous sommes venus dans les Gaules pour l'amour du Christ, qui est un seul Dieu avec le Père et le Saint Esprit, qui a créé toutes choses et qui règne dans les siècles des siècles. Nous le servons avec foi et piété ; notre unique désir est de persévérer dans son culte et on amour, tant qu'un reste de vie animera nos membres. »

Maximien cherche à les gagner, en leur représentant d'un côté les supplices, de l'autre es grandeurs de la terre : « Par la vertu des dieux, leur dit-il, si vous persévérez dans votre folie, je vous ferai périr dans les tourments, et votre mort servira d'exemple. Mais si vous consentez à sacrifier aux dieux, je vous comblerai de richesses et d'honneurs. »

Crépin et son frère s'attendaient à ces menaces et à ces promesses : leur réponse est pleine d'amour pour le Christ, pleine de mépris pour la bassesse du tyran : « Vous ne nous effraierez pas par vos menaces ; *pour nous, vivre est aimer Jésus-Christ, et mourir est un gain.*

« Ces biens, ces honneurs que vous nous promettez, donnez-les à ceux qui vous obéissent. Nous avons déjà méprisé toutes ces choses pour l'amour de Jésus-Christ, et nous en sommes heureux. Vous aussi, Prince, si vous connaissiez, si vous aimiez Jésus-Christ, non seulement vous diriez adieu à vos richesses et à votre empire, mais vous rejetteriez le vain culte des démons et vous mériteriez la vie éternelle. Mais si vous persévérez dans le culte de ces démons dont vous adorez les idoles, vous serez précipité avec eux dans l'enfer. »

L'âme corrompue de Maximien ne saurait comprendre un tel langage : « Qu'il vous suffise, dit-il, d'avoir perverti un grand nombre de citoyens par vos maléfices et vos fourberies ! »

« Malheureux ! lui répondent les martyrs, vous ignorez la bonté de Dieu. C'est lui qui, malgré votre indignité, a permis que vous fussiez élevé à l'empire ; et voilà que par de vains efforts vous essayez de détruire sur la terre son règne immortel. »

A ces paroles, la fureur de l'empereur ne se contient plus. Il ordonne à Rictiovaire d'emıener les deux frères et de les faire périr par ·s plus affreux supplices. Cet ordre cruel n'est ue trop fidèlement exécuté.

Les deux saints sont d'abord suspendus en ıir à l'aide de poulies, et les tortionnaires font leuvoir une grêle de coups de bâton sur leurs ɔrps mis à nu. Les pieuses légendes qui nous nt transmis le récit de ce supplice nous mon-'ent les deux saints, les yeux levés au ciel et ı figure rayonnante d'une céleste clarté, invo-uant le Seigneur à haute voix et se félicitant e souffrir pour leur divin Maître. A cette vue, ıcharnement des bourreaux s'accroît, et c'est vec rage qu'ils redoublent leurs coups, mais ıns pouvoir arracher aux victimes le moindre ri de douleur. Rictiovaire a recours à d'hor-ıbles raffinements de cruauté ! Il ordonne aux ourreaux de leur enfoncer sous les ongles des ·roches de fer et de découper sur leur dos des ınières de peau. Alors, disent les *Actes des*

Martyrs, un éclatant miracle confond les persécuteurs, et rend hautement témoignage de la sainteté des martyrs. Ces broches, sortant violemment de leurs ongles, allèrent frapper plusieurs des bourreaux et en tuer quelques-uns. Le préfet, « devenu fou de fureur, » fait précipiter Crépin et son frère dans la rivière d'Aisne, avec une meule au cou. Mais les pierres n'enfoncèrent pas ; le froid, qui était excessif, suspendit ses rigueurs, et les martyrs allèrent doucement aborder à l'autre rive.

Tant de prodiges auraient dû éclairer les persécuteurs. Mais ils ne voulurent y voir que l'effet de puissants maléfices. Rictiovaire fit alors plonger Crépin et Crépinien dans une chaudière de plomb fondu. Les martyrs semblent invulnérables ; ils adressent au Ciel de ferventes prières : « Seigneur, notre salut, disent-ils, secourez-nous ; montrez-vous propice et délivrez-nous pour l'honneur de votre nom, afin que es infidèles ne disent pas : Où donc est leur Dieu ? » Tout aussitôt, une goutte de plomb ondu jaillit de la chaudière et va crever l'œil lu tyran.

Exaspéré de colère et rugissant de douleur, e gouverneur fait allumer un brasier de poix, le graisse et d'huile, et y fait jeter les martyrs. Mais cette fois encore la ferveur de leurs prières suscite un nouveau témoignage de la puissance livine. « Seigneur, disent-ils, vous pouvez ious délivrer des tortures de cet impie. C'est pourquoi, de même que vous avez voulu que ious souffrions pour la gloire de votre nom, de nême faites-nous sortir sains et saufs de ce supplice, pour la confusion du diable et de ses satellites. » Aussitôt un ange, descendant du ciel, les retire du brasier sans qu'ils aient éprouvé la moindre brûlure.

Le persécuteur, voyant ses efforts impuissants et parvenu au paroxysme de la rage, la tourne alors contre lui-même et se précipite dans les flammes, qui eurent bientôt dévoré ce farouche ennemi du nom chrétien. Ainsi, disent les *Actes des Martyrs,* périt Rictiovaire, d'une mort épouvantable ; et par un juste jugement de Dieu, celui qui avait brûlé tant de martyrs fut lui-même victime du feu de la terre, qui l'entraîna au feu éternel.

Reconduits en prison, Crépin et Crépinien demandèrent à Dieu de les délivrer des misères de cette vie ; et pendant la nuit une révélation céleste leur annonça que le lendemain, à l'aube du jour, ils recevraient la récompense de leur courage et de leur foi. En effet, Maximien, instruit du sort de son ministre, et comprenant que les tortures ne parviendraient pas à ébranler une force d'âme aussi extraordinaire, leur fit trancher la tête, le 25 octobre de l'an 287 ou 288 de l'ère chrétienne.

IV

L'empereur avait donné ordre de jeter à la voirie les restes des saints martyrs, pour devenir la pâture des bêtes fauves et des oiseaux de proie. Mais les desseins de l'impiété peuvent-ils prévaloir contre la puissance divine ? Non loin du lieu où avaient été abandonnés les corps des deux martyrs habitaient deux vieillards, le frère et la sœur, gens pieux et craignant Dieu. Un ange leur apparut la nuit, qui leur ordonna d'aller donner la sépulture aux restes mutilés de Crépin et de Crépinien. Les deux vieillards se dirigent à la faveur de la nuit vers le lieu du supplice. Mais il leur fallait traverser la rivière d'Aisne, ce soir-là particulièrement grosse et agitée, et ils n'avaient point de bateau. Ils ne s'en inquiétaient guère : et en effet, parut tout à coup une barque qui vint les prendre et les transporta de l'autre côté. Les deux vieillards s'empressent d'aller remplir leur pieuse mission. Ils chargent les deux cadavres sur leurs épaules et les déposent dans la barque, qui, sans avirons, remonte le cours de la rivière et les conduit jusque près de leur chétive cabane.

C'est là qu'ils ensevelirent et gardèrent pieusement les restes des saints martyrs, tant que dura la persécution. Plus tard, la translation de ces reliques se fit pompeusement dans une église bâtie en leur honneur sous l'invocation de Saint Crépin le Grand; les nombreux miracles qui s'y sont opérés ont mis ces deux saints en grande vénération non seulement dans la contrée, mais même dans toute la France. Le roi mérovingien Chilpéric, suivant Grégoire de

Tours, y aurait fait enterrer son fils Chlodobert, et le glorieux orfèvre saint Éloi aurait travaillé de ses propres mains à la châsse contenant les reliques des martyrs.

Plus tard, au temps des guerres de religion, pour mettre ces précieux restes à l'abri des huguenots, le clergé de Soissons les fit transporter dans la cathédrale de cette ville, où ils se trouvent encore. Toutefois, une partie des reliques aurait été depuis transférée à Rome et déposée dans l'église de Saint-Laurent.

V

Les noms de saint Crépin et de saint Crépinien se rattachent donc aux origines du christianisme dans les Gaules et partagent la gloire des saints Irénée, Pothin, Nicaise, Remi, qui sont les apôtres des Gaules. Et comme, malgré la noblesse de leur naissance, ils avaient voulu exercer pour vivre le métier de cordonnier, il était tout juste et naturel que les cordonniers se choisissent pour patrons ceux qui avaient honoré et sanctifié leur profession par leurs éminentes vertus. Et dès lors il se fonda des confréries de cordonniers et de savetiers sous l'invocation de saint Crépin et de saint Crépinien. Ces confréries eurent surtout un caractère religieux, et se proposèrent spécialement d'honorer et célébrer par des réjouissances exceptionnelles la fête de ces saints patrons.

« C'était, dit le bibliophile Jacob (1), un jour impatiemment attendu que celui-là, jour de joyeux ébattements, enfin le plus beau jour de l'année pour les membres de la Corporation. Hommes, femmes, enfants, tous rayonnaient de plaisir et se paraient de leurs plus beaux habits, qui ne sortaient quelquefois du bahut qu'une fois l'an pour cette grande cérémonie. Faut-il dire que les boutiques et échoppes se fermaient, que tout bruit de marteaux sur les semelles cessait? Par défense de police, ce jour-là, la halle aux cuirs n'était pas ouverte... Les cordonniers se réveillaient, le 25 octobre, au bruit des cloches sonnant à toute volée. Ils se rendaient processionnellement à l'église où était érigée la chapelle des patrons, et l'on portait devant eux le

(1) *Histoire de la chaussure.*

bâton et le cierge *parmy la ville*... Arrivés à la chapelle, ils entendaient une grand'messe, solennellement dite. Après la messe, les cordonniers revenaient avec le même cérémonial... L'après-midi, à la fin des vêpres, un grand repas attendait les frères. » Et, bien entendu, l'entrain et la gaieté ne manquaient guère aux convives.

La plus célèbre de ces confréries est celle qui fut fondée par un ouvrier cordonnier d'Arlon, Henri Michel Buch, surnommé *le bon Henri*, qui vivait à la fin du XVIe siècle. S'appliquant à imiter de tout point ses patrons saint Crépin et saint Crépinien, il avait été dans son pays d'abord, puis à Luxembourg, puis dans tout le pays messin, l'ami, le modèle et le zélateur des ouvriers, secourant l'un, exhortant l'autre, détournant celui-ci du mal, encourageant et stimulant celui-là dans la pratique du bien. Étant allé à Paris, il y conçut le projet d'une association d'ouvriers, en vue de leur bien spirituel et temporel, puissamment secondé dans cette noble mission par un jeune seigneur, le baron de Renty, brûlant comme lui d'un feu apostolique, et qui le fit recevoir bourgeois d'abord, puis maître, afin de donner plus d'autorité à ses paroles. De leurs efforts réunis sortit, en 1645, la communauté des Frères Cordonniers, dont le bon Henri fut le premier supérieur. Toute la semaine on mangeait, travaillait et vivait en commun : le dimanche était consacré à des œuvres pieuses ou secourables, telles que la visite des malades, l'instruction des ignorants, la consolation des affligés.

Sur le modèle de cette pieuse institution se formèrent plusieurs confréries de même genre, notamment à Soissons, à Rome et à Paris.

A côté des confréries s'étaient organisées, toujours sous le patronage de saint Crépin et de saint Crépinien, des corporations de cordonniers avec maîtrises et jurandes, comme pour les principaux corps d'état.

Les savetiers, robelineurs et carreleurs de souliers furent réunis en corporation sous Charles VII, en 1443. Louis XI approuva leurs statuts en 1467, ainsi que François Ier en 1516, Charles IX en 1566 et Henri IV en 1598. Leurs dernières lettres de réformation leur furent données par Louis XIV en 1659. Les jurés s'appelaient gouverneurs de la communauté : ils étaient au nombre de quatre ; il leur était adjoint huit prud'hommes. L'apprentissage était de trois ans, et personne n'était reçu à la maîtrise sans avoir fait son chef-d'œuvre, à moins qu'il ne fût fils de maître.

La Corporation des corroyeurs et chamoiseurs remontait aussi au xve siècle. Elle était régie par huit jurés, dont quatre de la conservation et quatre de la visitation royale. Ils avaient aussi deux jurés du marteau pour la marque des cuirs.

Nous avons pu retrouver les Statuts et

Règlements de l'ancienne Corporation de Reims. Nous en donnons le texte en *Appendice* à la fin de ce travail.

La Révolution a détruit toutes ces institutions : elle a fait table rase du passé. Mais qu'a-t-elle mis à la place? Rien, absolument rien que des idées subversives et une démoralisation profonde aboutissant à cette formule épouvantable, négative de toute société : *Ni Dieu, ni maître!* Aussi les politiciens, les économistes, les philanthropes s'ingénient à trouver une solution de la question sociale, et n'arrivent qu'à de décevantes utopies.

Le seul vrai remède à nos yeux, c'est de faire revivre les croyances, de réunir les ouvriers en associations chrétiennes, d'organiser ainsi la grande démocratie des travailleurs chrétiens, une démocratie qui ne s'affirmera jamais ni par grèves, ni par émeutes.

VI

Nous avons dit que jadis la Corporation des Enfants de Saint-Crépin était puissante et qu'elle avait des ramifications dans tous les pays. Une chapelle lui était spécialement affectée dans les cathédrales des grandes villes. Entre bien des preuves que nous en pourrions donner, nous nous bornerons à deux, mais qui sont particulièrement concluantes.

L'une, c'est le récit du *Mystère de saint Crépin et de saint Crépinien,* tel qu'il fut joué au XVe siècle, pendant trois journées consécutives ; l'autre est la description d'un ancien tableau représentant le martyre des deux saints.

Nous les donnons à titre de pièces justificatives :

Le *Mystère de saint Crépin et de saint Crépinien* a été représenté en 1458. Le principal manuscrit qui se trouve conservé aux Archives de Paris, en trois cahiers in-folio, n'est pas complet. La première journée, ou si l'on veut le premier acte, manque.

Dans la seconde partie, on voit venir Rictiovaire qui fait l'exposition :

> Vous savés bien que nous avons
> Deux crestiens en nos présens,
> Qui nostre loy blasment moult fort,
> Et nos dieux desprisent à tort.
> Se leur loy ne veulent guerpir,
> Et nos dieux amer et servir,
> Conseillez-moi que j'en feray.

Le cas est embarrassant. Les *tirants*, exécuteurs et bourreaux de l'époque, se prononcent pour la peine de mort. Mais il faut une mort précédée de tortures. On va chercher les prisonniers, qui entrent en scène en louant Dieu :

Ha ! vrai Dieu, loé soyez-vous
De tout ce que nous endurons.
Vrai Dieu, sire, si nous mourrons,
Vueilliés nos âmes recevoir
Et nous donnés force et pouvoir
Que les tourments puissions souffrir.

Et, comme leur divin Maître, ils pardonnent à leurs bourreaux :

Dieu vous puist pardonner, amis,
Le mal que nous faittes souffrir.

Rictiovaire, par une allusion cruelle à leur profession passée, ne veut les torturer qu'avec les instruments qui leur sont familiers, et ordonne qu'on leur plante une alène dans chaque doigt. Le supplice est horrible, le sang coule ; mais le cantique des martyrs continue et domine les imprécations des bourreaux. La Vierge, émue de compassion, implore son Fils ; sa prière est transmise à Dieu le Père, qui envoie Gabriel et Raphaël au secours des héros des cordonniers. Les alènes s'échappent tout à coup des doigts des martyrs et vont frapper les bourreaux. Tous tombent morts, et le diable d'accourir pour emporter leurs âmes. Mais le prévôt ne voit point là le doigt de Dieu. O aveuglement! Il s'imagine tout simplement que la délivrance miraculeuse des deux patients est l'effet d'un enchantement. Aussi, fait-il venir d'autres bourreaux et ordonne-t-il qu'on jette les deux coupables dans la rivière, avec une meule au cou. Cette fois, au moins, ils n'échapperont pas. Mais le pauvre Rictiovaire ne sait pas que la foi peut déplacer des montagnes, *à fortiori* des meules de moulin. En conséquence, les deux frères sortent de l'eau sans peine, avec une meule qu'ils traînent derrière eux :

> Il ne leur griêve nullement
> A porter ne c'une chemise !

La troisième journée du Mystère nous transporte dans le ciel. Il y a grande allégresse dans le paradis. Dieu et la Vierge, les anges et les saints se réjouissent du courage héroïque des pauvres frères. Dieu lui-même daigne leur exprimer sa vive satisfaction :

Sachiés que vous serez de moi
A tous vos besoins secourus.

Et la promesse va recevoir son effet, car un nouveau péril menace les croyants : Rictiovaire veut avoir le dernier mot, et il ne se lasse point d'inventer de nouveaux supplices. Il a ordonné de préparer une chaudière d'huile bouillante et il fait appeler les prisonniers :

Ça, maîtres, nous vous baignerons !

leur dit-il avec malice, avant de les faire plonger dans l'huile ardente. Mais Rictiovaire a encore compté sans la Vierge, dont l'intercession puissante sauve une fois de plus les intrépides chrétiens. La chaudière éclate, le prévôt et ses acolytes sont tués, et Béelzébuth accourt encore pour s'emparer de leurs âmes.

Mais il faut un dénouement à cette dramatique histoire : comme la tradition rapporte que les deux frères ont eu la tête tranchée, on ne peut leur sauver la vie indéfiniment. La Sainte Vierge déclare que Crépin et Crépinien, sortis vainqueurs de tant d'épreuves, ont bien mérité la palme du martyre. Ils sont dignes de quitter la vie ; et en effet Maximien les condamne, pour en finir, à être décapités. Leur âme monte au ciel et leur corps est pieusement enseveli par dame Pavie.

Tel est le *Mystère de saint Crépin et de saint Crépinien,* mélangé de sérieux et de burlesque, sur le modèle des Mystères de cette époque. Il fut représenté, non par les Confrères de la Passion, mais, à ce qu'il semble, par des ouvriers de la Corporation, dont saint Crépin et saint Crépinien sont les patrons vénérés.

Nous en trouvons une autre preuve dans un tableau d'Ambroise Francken, actuellement au musée d'Anvers, mais qui jadis décorait, dans la cathédrale de cette ville, la chapelle des Cordonniers.

Au premier plan, les deux saints, étendus la face vers la terre, sont attachés sur des chevalets. Un bourreau arrache en lanières la peau de saint Crépin ; celui qui s'apprête à faire subir le même supplice à saint Crépinien pousse des cris de douleur, et les spectateurs se détournent avec épouvante, car un grand nombre d'alènes, miraculeusement animées, se sont élancées d'un panier d'outils de cordonnier et de dessous les ongles des martyrs, pour aller blesser les bourreaux et leurs aides. Un soldat, atteint au pied et à la poitrine, s'enfuit en cherchant à protéger son visage avec ses mains; un autre, non moins maltraité, tombe à la renverse; un troisième se couvre les yeux; le préteur Rictiovaire, coiffé d'un turban, et d'autres personnages en costume oriental, venus pour assister au supplice, témoignent par leurs gestes la terreur que leur cause le prodige. Dans le fond du tableau sont représentés divers autres épisodes du martyre des deux saints. Ici, ils sont plongés jusqu'à mi-corps dans une fournaise ardente, d'où s'échappe un jet de plomb fondu qui va brûler un œil à Rictiovaire; plus loin, on les fait bouillir dans une chaudière pleine d'huile et de poix en ébullition; sur un plan plus éloigné encore, on les précipite, une meule au cou, dans un fleuve ou un lac sur les bords duquel s'élève un château fort.

Pour revenir à notre Corporation de l'industrie du cuir, une grande famille où patrons et ouvriers vivent dans la plus cordiale entente, le moyen pratique d'assurer la stabilité de cette réorganisation, la pierre angulaire de la Confrérie; c'est la fondation d'une *Messe perpétuelle* pour le jour de la fête. C'est vers ce but que doivent converger nos premiers efforts, c'est à cela qu'il nous faut affecter nos premières ressources. Ce point fondamental une fois assuré, les futurs comités se préoccuperont de perfectionner l'œuvre, de la compléter par des fondations d'utilité et de bienfaisance.

A celui-ci l'honneur d'avoir posé la première pierre et planté les premiers jalons.

APPENDICE

RÈGLEMENT

POUR LA

COMMUNAUTÉ DES MAISTRES CORDONNIERS

DE LA VILLE DE REIMS

(A Reims, chez Remy JEUNEHOMME, imprimeur sur le coin de la Porte-aux-Ferrons, 1721).

Extrait des registres du greffe du Bailliage de Reims.

Furent presens en leurs personnes Pierre Grumel, Louis Lemoine, Remy Lefebvre et Gilles Boisleau, Maistres cordonniers Jurez en la Ville de Reims pour l'année presente, en leurs noms et comme Procureurs de Noël Charon, Jacques Remy, François Lefranc, Pierre Droüet, Nicolas Fontaine, Regnault Bouchet, Laurent Vuisart, Estienne Beuvieres, Jean Ninel l'aîné, Oudart Fleury, Pierre Fontaine, Remy Serlant, Jean Oudin, Nicolas Cloquet,

Jean Fleury, Poncelet-Dubois, Arthus Buisset, Jean Thiery, Noël Fromenté, Pierre Fromenté, Thiery-Leloire, Pierre Vuyart, Regnier-Dorigny, Jean Defrance, Jean Adnet, Nicolas Bardoux, Guillaume Delorme, Liénard-Leclerc, Pierre Demay, Noël Le Boiteux, Vincent Marchand, Nicolas Choisi, Thiery-Drusson, Gerard Bataille, Jean Bagniere, Thomas-Buchette, Jean Lalondre, Remy Landouzy, Guillaume Poiret, Gerard Modde, Jacques Becquille, Claude Defleure, Guillaume Tourment, Nicolas Languille, Pierre Pinchart, Oudart Larget, Jean Chenu, Pierre Lefebvre, Jean Ledouble, Jean Brochet, Louis Magneron, Gilles Bailly, Pierre Tazart, Guillaume Quatresols, Nicolas Quatresols, Jean Guillot, Cuissin le Grand, Bernard Lange, Remy Torchet, Lionnet-Lespagnol, Jean Ledur, Jacques Bricquet, Poncelet-Brachet, Pierre Vanin, Jean Brailloteau, Jesammot-Sainthillier, Nicolas Sta, Nicolas Delabre, Gerard Michel, Nicolas Fuart, Mathieu Vignon, Rogier Bouchet, Guyon-Deneuville, Jean Faciot, François Ouverland, Nicolas Bransloteau et Etienne Deschamps tous cordonniers demeurant à Reims, fondez de procuration spéciale quant et ce passez pardevant Guillaume Lemoine et Jean Lemoine, Notaires royaux demeurans à

Reims, les six ou sept jours du présent mois de septembre et fin de ces présentes transcrites, d'une part ; Et Nicolas Lefebvre, Pierre Blanche, Nicolas Forest, Gilles Chappiton, Maîtres savetiers, Jurez pour ladite année en leurs noms et comme procureurs de Pierre Nimbron, Louis Fleury, Jacques Droüin, Jean Grandremy l'aîné, Gilles Malarthus, Jean Godel, Jean Belval, Pierre Barnot, Jean Arnould, Oudin Belval, Remy le Gay, Gerardin Nocton, Gaulcher Devaux, Pierre Dumont, Adam Chapiton, Simon Bougy, Pierre Pougnart, Jacques Arlault, Nicolas Leboisseux, Jean Leboisseux, Gobert Sta, Jean Langlet le jeune, Jean Langlet l'aîné, Abraham Sebin, Gerard Cayot, Jean Roullart, Thomas Paillet, Claude Tourtebatte, Toussaint Cahier, Jean Aubertu, Philippe Josnet, Gerard Savoureux, Thomas Savoureux, Jean Robert le jeune, Claude Robert, Claude Barrois, Pierre Maillart, Jean Robert le moyen, Colson Copillon, Maurice Chapperon, Nicolas Rozimbault, Pierre Paillet, Pierre Robert, Jean Debrussy, Jean Fleury, Pierre Fournier, Jean Delalobe, Grégoire Grandremy et Jacques Dumay, tous savetiers demeurans à Reims, fondez de pouvoir et procuration spéciale, passez par devant le

Cointre et Regnault Aubry, notaires au baillage de Reims, le septième jour dudit mois, aussi enfin de ces presentes transcrites, assistez de Jean Buchette et Adam Josnet, aussi savetiers demeurants audit Reims, a ce presents d'autre part : Disants les parties comme procès se seroient mûs en premiere instance pardevant Monsieur le Bailly de Reims, pour raison du Reglement fait des metiers des cordonniers et savetiers, pour le regard du troisième article du Reglement faisant mention que les cordonniers seront tenus de faire de cuir de tête de veau ou de cuir de vache, la première semelle, et à côté ou couverts, et desquels l'empeigne sera de cuir de veau, faire la dernière semelle de dos, et les remis de même cuir que l'empeigne, et en pareil pour le regard des pantoufles et mulles, faire les rivets et bordures d'icelles de cuir de veau ou de même cuir que l'empeigne, sur peine de vingt sols parisis, applicable moitié à la justice et l'autre moitié audit mestier, de confiscation desdits ouvrages, où tout a été procédé que lesdits cordonniers auroient été condamnez par ledit sieur Bailly de Reims, faire entretenir ledit Reglement pour ledit article, dont lesdits cordonniers auroient appellé, et l'appellation relevée pardevant Messieurs de la

Cour de Parlement de Paris, où le procez est presentement pendant et indecis, pour lequel procez terminer et mettre à fin et éviter toutes autre procez qui se pourroient cy après mouvoir, iceux cordonniers et savetiers pour raison dudit reglement, reconnurent lesdites parties d'avoir fait et font par ces présentes les traité, accord et transaction qui en suit :

ARTICLE PREMIER

Que lesdits cordonniers pourront et leur sera loisible de faire souliers de tous cuirs, pourvû qu'ils soient de bon couroye, et qu'ils ne pourront faire aucuns ouvrages de leur métier de cordonnier de veau gras et à demy graissé, ny d'autres veaux, exceptez du veau baudrier, en premier lieu les souliers de vache se feront les premieres semelles de vaches ou cuir fort, et les quartiers de même cuir que l'empeigne.

II

Aussi se feront les souliers de veau baudrier, et la première semelle du même cuir que l'empeigne, et tellement qu'elle soit suffisante pour porter les souliers, ou meilleurs, si bon semble ausdits cordonniers.

III

Pour les souliers de veau houssé se feront les semelles de même que l'empeigne.

IV

Pour les souliers de tripes de velours maroquins doublés et moutons, se fera la première semelle de mouton double.

V

Pour les mulles se fera la première semelle de cuir fort ou tête de veau, et la bordure de même que l'empeigne.

VI

Pour la pantoufle de veau se fera la première semelle de veau.

VII

Pour la botte de vache, se fera la première semelle de cuir fort, et la double semelle de même.

VIII

Pour les bottes de veau se fera la première semelle de tête de veau ou de cuir fort.

IX

Pour les bottes de cordouan, maroquin ou moutons, se fera la première semelle de bon cuir pour faire des bottes et bottines.

X

Et pour le regard desdits savetiers pourront et leur sera loisible faire leurs souliers de tous cuirs, excepté de vache et veau baudrier, ils seront tenus de mettre un tallon de vieil cuir apparant sur la semelle et empointre par le bout de devant.

XI

Pour les souliers de vache seront tenus de mettre le tiers de vieil cuir, à sçavoir l'empeigne et les quartiers ou semelles de vieux cuirs, sans noircir et graisser apparents estre vieux et empointez comme dessus.

XII

Pour le regard des petits souliers, ils se feront de tous cuirs, excepté de vache et veau baudrier, depuis un point jusqu'à dix points, et la petite pointure, tant à une couture que de deux, sans aucune marque de fils, pourront empoindre par le tallon.

XIII

Pourront aussi lesdits savetiers faire bottes, bottines et brotequins, à la charge de mettre un tiers de vieil cuir ; sçavoir en la tige, rozette ou semelles.

XIV

Ne pourront lesdits savetiers vendre quelques ouvrages, sans y apposer leurs marques.

XV

Et si pourront encore vieux savetiers faire souliers de vieux cuirs, et à la charge qu'ils seront faits ou refaits, bien et dûement mis et appointez par le tallon.

XVI

Et n'auront lesdits cordonniers sur les vieux ouvrages desdits savetiers aucune visitation.

XVII

Ne pourront aussi lesdits cordonniers accepter aucuns ouvrages desdits savetiers en peine d'amende, qui sera cy après déclarée, contre lesdits vendeurs et acheteurs, de confiscation desdites ouvrages.

XVIII

En pareil, ne pourront lesdits cordonniers faire semelles de bout et pièces de toutes bottes, bottines, souliers, pantoufles et mulles, si ce n'est pour leur famille, sur peine de l'amende qui sera cy après dite.

XIX

Sera loisible auxdits savetiers de faire des pièces tant en souliers, pantoufles qu'autres ouvrages, veau baudrier ou autre cuir que bon leur semblera.

XX

Si en passant par les maistres jurez dudit métier de savetiers pardevant la maison et boutique d'un cordonnier, ils voyent de la vieille besogne deffendûë, ils pourront faire bailler assignation audit cordonnier, pour se voir condamner en l'amende qui sera de dix sols parisis, et aussi si lesdits maistres jurez trouvent par la ruë aucuns cordonniers, leur serviteur, chambrière, domestiques et autres venants de leurs maisons portants de la vieille besogne deffenduë, comme dit est, qu'ils ayent refaits, ils pourront saisir eux mêmes ladite vieille besogne.

XXI

Les maistres jurez dudit métier de cordonnier pourront visiter les ouvrages desdits savetiers de leurs boutiques, foires et marchez tant en la ville qu'aux champs, pour sçavoir s'ils sont bien et dûëment façonnez et suivant ledit Reglement, et s'ils ne sont tels qu'ils sont portez par ledit Reglement seront confisqués audit métier, pour l'entretenement des torches et services qui se font pour leurs métier, et de l'amende de dix sols parisis applicable moitié à la justice et l'autre moitié audit métier, pour être employez à ce que dessus.

XXII

Ne pourront lesdits savetiers faire aucunes galloches que de vieil cuir ou de veau gras et a demy graissé, cousus ès premieres semelles avec la bordure attachée sur le bois avec des clouds.

XXIII

Et ne pourront encore lesdits cordonniers faire des souliers de petits enfans, si ils ne sont de deux coûture de tous cuirs, excepté le cuir qui leur est deffendu mettre en œuvre, sinon pour leur famille.

XXIV

Et si ont encore lesdits cordonniers fait et accordé, font et accordent par ces présentes, pour le Reglement de leur métier ce qui ensuit.

XXV

Et premier. Que tous ceux qui viendront dorenavant être reçus dudit métier de cordonnier, faut qu'ils se fassent dûëment apparois, qu'ils ayent estez apprentifs chez un maistre dudit métier de cordonnier ou ailleurs en ville pollicée par le temps et espace de trois ans, et qu'en leur apprentissage, ils se soient bien et dûëment gouvernez et sans reproche.

XXVI

Feront ceux qui voudront estre reçus maistres dudit métier chef-d'œuvre en une maison des maistres jurez dudit métier pour l'année.

XXVII

Par lequel chef-d'œuvre ils tailleront, feront, parferont une paire de bottes de vache à plis couppez sur le col du pied, ayant huit ou neuf agrapins et boucles, et que la botte soit large de devant.

XXVIII

Feront aussi, tailleront, couseront et parferont un collet de maroquin.

XXIX

En pareille, feront aussi une paire de gros souliers de vache à simples semelles pour l'usage de laboureur, avec bonnes semelles de dos et les rivets de même.

XXX

Seront aussi tenus de faire une paire de mulles, avec les escrepins de maroquin à simple semelle.

XXXI

Et ayant fait ce que dessus, ces dits ouvrages seront vûs par les quatre maîtres jurez dudit métier reçus pour l'année, qu'ils seront tenus les voir et visiter en estant requis.

XXXII

Et s'il se trouve en leur conscience que lesdites ouvrages soient bonnes et bien faites, ils recevront maistre dudit métier celuy qui aura fait ledit chef-d'œuvre, qu'il sera tenu payer deux livres de cire ou la valeur d'icelle en la manière accoûtumée, pour l'entretenement des torches dudit métier, qui seront ensemblement de six vingt livres de cire, qui se portent le jour de la Fête Dieu, et aussi pour l'entretenement des services qui se font pour ledit métier, et où il ne sera suffisant sera rejetté jusques à l'autre temps, tel que lesdits maîtres adviseront. pendant lequel il sera tenu de besogner, et servir chez un maître dudit métier audit Reims.

XXXIII

Et quand aux fils des maistres dudit métier prétendants à la maîtrise, ils seront tenus seulement de tailler les ouvrages cy-dessus spécifiez, en la présence desdits maistres jurez élûs pour l'année, qui seront tenus les recevoir en la maistrise, si les ouvrages se trouvent bien taillez en payant les frais.

XXXIV

Ne sera permis à cordonniers de tenir boutique en la ville et fauxbourgs ny ouverture d'icelle ; ou besognier pour soy en chambre s'il n'est reçu maître dudit métier, sur peine de confiscation des ouvrages, qui seront trouvez applicables au métier, pour l'entretenement des torches et services, de dix livres parisis d'amende, et payer moitié à la justice et l'autre moitié audit métier, pour faire les frais que dessus.

XXXV

Seront presentement élus par la communauté desdits cordonniers, quatre maistres qui prèteront le serment en justice, lesquels maistres auront égard et visiteront les boutiques des cordonniers et savetiers, et les malfaçons qu'ils trouveront en contrevenant audit Reglement, en feront leur rapport en justice, et pour l'avenir deux desdits maistres quatre élus se dechargeront d'an en an de la charge dudit métier, et s'en élira deux autres, au lieu de deux anciens, hommes de bien et sans reproche, et connaissant bien les ouvrages dudit métier, et les quatre derniers maistres jurez desistez de ladite charge dudit métier signeront le compte, et faute d'eux les plus anciens de la compagnie.

XXXVI

Il ne pourra être élu maistres jurez dudit métier aucun cordonnier, si il n'a été serviteur un an à la compagnie, en la manière accoutumée, pour bien connoistre les affaires de police dudit métier.

XXXVII

Seront tenus tous les maistres cordonniers de la

ville et fauxbourgs de Reims tenans boutiques, payer par chacun an et par chacune semaine trois deniers tournois pour l'entretenement des torches qui se portent à la Fête Dieu et des services qui se doivent dire par chacune semaine, ainsi qu'il est porté par les chartes anciennes dudit métier.

XXXVIII

Chacun apprentif dudit métier sera tenu de bailler la première année qu'il entrera au service deux livres de cire, ou la valeur d'icelles, portez par les chartes anciennes pour l'entretenement des dites torches et services, et sera tenu le maistre payer ladite cire pour son apprentif, sauf son recours contre l'apprentif.

XXXIX

Item. Les veuves dudit métier de cordonnier durant le temps de leur viduité pourront tenir boutique, ainsi qu'ils faisoient durant le temps de leurs maris, ayant serviteur connoissant au métier, lesquelles repondront du fait de leurs serviteurs, en payant les frais comme dessus.

XL

Pareillement ne pourront lesdits maistres cordonniers tenir qu'un apprentif en leurs maisons et boutiques pour une seule fois, sur peine de six livres parisis d'amende à appliquer moitié à la justice et l'autre moitié au métier, pour l'entretenement des torches et services, ainsi qu'ils sont tenus.

XLI

Seront tenus les huit maistres derniers reçus passer en chef-d'œuvre quand lesdits maistres jurez leur recommanderont par le serviteur élu de porter ou faire porter et rapporter chacun une desdites torches, où il leur sera commandé en la manière accoutumée, le jour de la Fête Dieu, ainsi qu'ils en sont tenus pour la police de la ville, en payant pour leurs salaires deux sols six deniers tournois sur peine de dix sols parisis d'amende moitié à la justice et l'autre moitié pour l'entretenement desdites torches et services.

XLII

Eliront aussi lesdits cordonniers un serviteur en

la manière accoutumée, le jour et lundy d'après la Fête Dieu, pour faire le service que les maistres luy commanderont pour leur semonce et service de la compagnie des cordonniers, il sera amendable de dix sols parisis, moitié à la justice et l'autre moitié audit métier pour l'entretenement des torches et services qui se disent par chacun an, lequel serviteur ira par chacune semaine aux boutiques des maistres et recevra de chacun maistre un liard en la manière accoûtumée, et aura ce serviteur pour son salaire vingt sols, et rendra compte par chacun an de ce qu'il aura reçu aux quatre maistres jurez le lundy devant la Fête Dieu, et s'y éliront de trois ans en trois ans, le lundy d'après la Fête Dieu un grand maistre, lequel aura esté maistre jurez homme de bien et sans reproche, pour garder les chartres, papiers, joyaux et argent qui restera des comptes dudit métier, pour en rendre compte quand besoin sera à la compagnie, et quand les quatre maistres jurez s'en requereront, lequel maistre sera tenu assister avec les quatre maistres jurez pour solliciter les affaires dudit métier, quand besoin sera, et s'obligera de ce qui luy sera baillé en mains, et assistera aussi ledit maistre, si bon luy semble, aux chefs-d'œuvres qui se feront desdites années, afin que le reglement de police soit bien gardé et entretenu.

XLIII

Et quand lesdits maistres jurez feront faire semonce par ledit serviteur pour assembler lesdits cordonniers pour les affaires dudit métier, et aussi pour leurs semonces, enterrement, convois et sépultures des corps des cordonniers qui decederont, lesdits cordonniers seront tenus d'y assister sur peine contre chacun des deffaillants de cinq deniers applicables à l'entretenement desdites torches et services, et recevront les deffauts par le serviteur quand l'on requerera desdits deffaillants, sur peine d'y estre contrains par justice.

XLIV

Celuy qui sera serviteur de ladite compagnie dudit métier pour l'année marquera les deffaillants et en sera cru.

XLV

Seront aussi tenus lesdits maistres au nombre de huit derniers reçus audit métier, porter ou faire porter par un desdits maistres les corps desdits cordonniers qui decederont, avec la compagnie, en la manière accoutumée, et les quatre derniers reçus porteront le corps, et les quatre autres porteront les torches quand le serviteur leur signifiera en leurs boutiques, sur peine de dix sols parisis d'amende applicable comme dessus, et auront pour leurs salaires quinze deniers tournois.

XLVI

Et lesdits savetiers ont aussi fait et accordé font et accordent pour le reglement de leur métier ce qui s'ensuit :

PREMIER

Que tous ceux qui dorenavant voudront être reçus maistres dudit métier de savetiers, feront dûement apparoître qu'ils ont été apprentifs chez un maistre dudit métier audit Reims ou ailleurs en ville policée, pour le temps et espace de trois ans, et qu'en leurs apprentissages ils se soient bien et duement gouvernez.

II

Feront ceux qui voudront être reçus maistre

dudit métier chef-d'œuvre en une maison des maistres jurez dudit métier, qui leur sera députée par les maistres jurez dudit métier pour l'année.

III

Et pour les chefs-d'œuvres sera tenu chacun voulant être reçu maistre dudit métier remonter une paire de vieilles bottes à boucles et rozettes vieilles, la première semelle de vieil cuir, et la dernière de neuf cuir, et seront aussi tenus de faire une paire de souliers à simple semelle, rivets et contrefort, le tout de vieux cuirs, et les empointre par le tallon.

IV

Seront aussi tenus de faire une paire de souliers de veau gras et de demy graissé, ainsi il plaira ausdits maistres, où il y aura un tallon de vieux cuirs et repoindre par le devant.

V

Davantage seront tenus de faire une paire de petits souliers en une couture depuis six points jusqu'à dix, ainsi qu'il plaira ausdits maistres, de cuir de veau gras ou demy graissé, et les empoindre par le tallon.

VI

Et si les maistres jurez dudit métier trouvent desdits ouvrages bien et duëment faits, ils seront tenus recevoir maistre dudit métier de savetier celui qui les aura faits, lequel pavera vingt cinq solz tournois pour l'entretenement des torches et cierges dudit métier.

VII

Et si lesdits ouvrages ne se trouvent bien et duement faits, celuy qui les aura fait, renvoyer jusqu'à autres temps, que lesdits maistres jurez adviseront, pendant lequel temps sera tenu servir et besogner sous les maistres dudit métier audit Reims, et iceluy temps echu et passé, fera de rechef chef-d'œuvre comme dessus.

VIII

Et quand aux fils de maistre prétendant en ladite maîtrise, ils seront tenus seulement de tailler une paire de bottes à sangles et les souliers desquels dessus est spécifié, les montrer aux maistres jurez élus pour l'année, qui seront tenus les recevoir maîtres si lesdits ouvrages sont bien taillez, et sera tenu de payer dix sols parisis pour l'entretenement des torches et services dudit métier.

IX

Ne sera permis à savetiers de tenir boutique ou besogne pour soy en quelque lieu que ce soit, s'il n'est reçu maistre dudit métier, sur peine de confiscation des ouvrages qui seront trouvez, applicables audit métier, et de vingt sols parisis d'amende applicable moitié à la justice et l'autre moitié audit métier, pour l'entretenement desdites torches et services dudit métier.

X

Seront tenus tous maistres savetiers dudit Reims et fauxbourgs tenans boutiques, de payer par chacune semaine un liard pour l'entretenement desdites torches et cierges qui se portent par chacun an le jour de la Fête Dieu en reverence du Saint Sacrement de l'autel, le jour de saint Crespin, quand il y aura un maistre dudit métier ou sa femme qui sera trepassez, et pour les messes et services qui se disent par chacun an.

XI

Seront tenus tous ceux qui font semondre la compagnie dudit métier de savetiers pour assister au service et convoy de l'un desdits maistres ou de sa femme trepassez, de payer la somme de vingt sols tournois applicable à ladite compagnie ; sera tenu ladite compagnie de faire porter lesdits trepassez par les quatre maistres dudit métier derniers reçus en ladite compagnie, porter les petites torches et les cierges de l'enterrage en une basse messe le jour du service. que ladite compagnie sera tenu faire dire à leurs dépens, ausquels enterrage et service ils seront tenus d'assister, sur peine de cinq deniers tournois sur chacun des défaillans, applicable à ladite compagnie, ce qui se payera le lendemain de la Fête Dieu.

XII

Seront tenus tous les maistres savetiers être de la même compagnie, sur peine d'être privez de la maistrise, et seront ceux qui seront mis hors reçus d'y rentrer en payant cinq sols parisis, pour l'entretenement de torches et services.

XIII

Chacun apprentif dudit métier sera tenu pour la première année qu'il entrera au service payer la somme de dix sols tournois pour l'entretenement des torches et services accoûtumez être dits pour ledit métier, et autres frais nécessaires dont les maistres seront responsables, sauf leurs recours contre ledit apprentif.

XIV

Et ne sera permis à un maistre dudit métier de pouvoir avoir qu'un apprentif en une fois. lequel apprentif sera tenu de servir par l'espace de trois ans sur peine de vingt sols parisis à prendre sur ledit maistre. applicable moitié à la justice et l'autre à l'entretenement des torches et services.

XV

Les femmes veuves dudit métier de savetier durant le temps de leur viduité, pourront tenir boutique, ainsi que faisoient leurs maris, ayant serviteur expert audit métier, lesquelles repondront du fait de leur serviteur, en payant les frais des torches et services par chacun an.

XVI

Lesdits maistres savetiers éliront par chacun an le lendemain de la Fête Dieu deux d'entre eux pour être maistres jurez en la place des deux anciens, et si éliront un d'entre eux qui fera la semonce et recevra les deniers de la communauté, dont il sera comptable à ladite communauté, et rendra compte le lendemain de la Fête Dieu fin de la messe comme l'on a de coûtume de dire pour ladite compagnie, dont les maistres élus de l'année seront auditeurs, signeront les comptes pour la décharge du rendant compte.

XVII

Et celuy qui sera élu pour faire lesdites semonces, ne pourra faire semonce pour quelque chose que ce soit sans le congé des maistres jurez dudit métier, en peine de dix sols parisis, à prendre sur le faiseur de semonce, applicable moitié à la justice et l'autre audit métier pour l'entretenement des torches et services.

XVIII

Les savetiers de la ville de Reims auront et pourront avoir quatre maistres jurez dudit métier, qui visiteront les boutiques des savetiers pour les malfaçons de leurs ouvrages, et scavoir si lesdits ouvrages il y a premières semelles, contrefort, ni rivets de cuirs de megy ou cuirs de couppe, et s'ils sont bien et duement faits, et si ils ne sont comme appartient, lesdits savetiers seront à l'amende de dix sols parisis, et de confiscation desdites ouvrages, ladite amende applicable moitié à la justice et l'autre audit métier pour l'entretenement des torches et services, et la confiscation desdits ouvrages audit métier pour l'entretenement que dessus.

XIX

Et moyennant les choses dessus dites sont les dites parties demeurées hors de cour et de procez, sans depens, dommages, interest de part et d'autre, et est accordé entre lesdites parties que dedans le jour de Noël prochain les dits cordonniers et savetiers seront tenus homologuer le présent règlement par tout ou besoin sera en peine de dix livres parisis d'amende, et payer par les défaillans et applicable moitié au métier et l'autre moitié aux maîtres jurez dudit métier ; et cependant le règlement fait en cette ville de Reims aura lieu et tiendra, et seront les ouvrages faits de neuf, marquez d'une autre marque que celle par cy devant et se fera une marque de fer pour marquer lesdits souliers desdits cordonniers et savetiers, si comme en promettant les parties, chacune en droit soy, par leur foy, sous l'obligation à sçavoir lesdits Grumel, Lefebvre, Lemoine et Boisleau, de leurs biens et des biens appartenants à la communauté desdits cordonniers.

Et lesdits Lefebvre, Pierre Blanche, Nicolas Forest et Gilles Chappiton aussi de leurs biens et des biens appartenans à la communauté desdits savetiers, tenir, entretenir, faire, fournir, et entièrement accomplir le contenu cy dessus, l'une partie envers l'autre sans défaillir sur peine et renonçant.

Ensuit la teneur desdites procurations (des 7 et 21 septembre 1571).

Extrait des registres et ordonnances royaux, registrés en la Cour de Parlement. Ainsi signé : *De S. Germain.* — (Extrait des Registres de Parlement.)

Veu par la cour la transaction d'entre les maistres cordonniers de la ville de Reims appellans de certaines sentences donnez par le Bailly de l'Archevèché dudit Reims, et les maistres savetiers dudit lieu intimez du 21 septembre mil cinq cens soixante et onze. Information faite par ordonnance de ladite cour sur la commodité ou incommodité d'icelle transaction, avis des officiers dudit siège présidial etably en ladite ville et des maires et échevins d'icelle. Conclusion du Procureur général du Roy, et tous considéré : la cour a ordonné et ordonne que ladite transaction sera registrée aux registses de ladite Cour, en la charge toutefois suivant les modifications portées par lesdites informations, et avis que chacun maistre dudit métier de cordonniers et savetiers pourra avoir deux apprentifs, et que les compagnons dudit metier aprés avoir demeurez deux ans entiers et continuez es maisons des maistres desdits métiers de ladite ville ou autres villes, pourront eux faire recevoir maistres pourvu qu'en faisant le chef-d'œuvre prescrit et ordonné, il soit trouvé capable, et faisant apparoir qu'il se soit bien et loyalement conduit au service de leurs susdits maistres, et seront tenus lesdits cordonniers de faire la première semelle de veau ou de moyenne vache, et non de ventre de veau, et souliers qu'ils feront de veau ; et les savetiers ne feront souliers de veau gras, ainsi de veau et demy graissé seulement, et seront tenus appointer leurs souliers par le bout de devant.

Dit aux parties le dix septième jour de mars de l'an mil cinq cens soixante et treize. *Signé :* DE HENEN.

A Monsieur le Bailly de Reims ou son Lieutenant.

Vous remontre humblement Jean Lacaille, Jean Maisnel, Drouïn Brioulland et Remy Serlaud, maistres du métier de cordonnier de cette ville de Reims, Nicolas Sollot, Jean Aubertin, Jean Robert l'aîné et Jean Robert le jeune, maistres du métier de savetier dudit Reims, comme par cy devant ait été fait et accordé entre les supplians certain reglement entre la communauté desdits métiers de cordonniers et savetiers, lesquels auroient esté par vous approuvez, que depuis sur certains différends survenus pour aucuns articles dudit reglement, pour raison desquels il y avoit procez en parlement, lesdit supplians auroit fait et transigé ensemble pardevant notaires royaux et par icelle transaction ajoutée audit reglement plusieurs articles, et modérer aucuns d'iceux portez par iceluy ; laquelle transaction par arrest de la cour du treizième mars 1573 y attachée, a esté ordonné estre registrée es registres de ladite cour aux modifications y contenues.

Ce considéré, attendu que ladite transaction est intervenue sur un reglement fait de vôtre autorité, et afin que les articles contenus en ladite transaction soient gardez et observez à ce que personne n'en prétende cause d'ignorance, vôtre plaisir soit ordonner la transaction et arrêt estre registrez au greffe de votre baillage, et publiez à son de trompe et cris publiques par les carrefours de ladite ville, et vous ferez bien et justice. *Signé :* Dutillois, Lacaille, Brioland, Serland, Robert l'aîné, Aubertin et Nicolas Sollot, marque de Jean Robert l'aîné et le jeune.

Soit la présente requète, transaction et arrest de la Cour du Parlement communiquez au Procureur fiscal, pour luy ouy ordonner ce qu'il appartiendra. Fait ce 19 juin mil cinq cens soixante et treize. *Signé :* G. CHEVILIER.

Vû ladite requeste, transaction et arrêts y mentionnez le Procureur fiscal de l'archevêché, duché de Reims, première pairie de France, conclud et requiert avec lesdits suppliants ladite transaction et arrêts estre publiez, registrez sur le registre de cette juridiction comme le requierent lesdits suppliants. Fait le 20 juin 1573. *Signé :* N. LEPOIVRE.

Nous ordonnons que la requête, transaction et arrest seront registrez ès registre du baillage de Reims et lesdits transaction et arrest publiez à son de trompe et cry public par les carrefours de cette ville de Reims, jour de marché. Fait le vingtième juin mil cinq cens soixante et treize. *Ainsi signé :* G. CHEVILIER.

Le samedy vingtième juin mil cinq cens soixante treize, les transaction, arrests dont est cy devant fait mention ont estez publiez à son de trompe et cry public par les carrefours de cette ville de Reims par moy Ponce Frizon Greffier du baillage dudit

Reims, en la presence de Regnault Aubry, sergent dudit baillage, et de Regnault Paté, trompette. *Signé :* FRIZON.

Ledit reglement a été imprimé au mois d'aoust mil sept cens vingt un, sous la jurande de Nicolas Varlet, sindic, Jean-Baptiste Bruxelle, juré comptable, Toussaint Houzeau, Hubert Salmon et Henry Cocheron, jurez.

11740 — Imprimerie coopérative de Reims (N. MONCE, dir.), rue Pluche, 24.

www.ingramcontent.com/pod-product-compliance
Ingram Content Group UK Ltd.
Pitfield, Milton Keynes, MK11 3LW, UK
UKHW021820190726
13853UKWH00003B/1079

9 782329 5899